KB244138

너도 보이니? ③

월터 윅 지음 | 신한샘 옮김

달리

CAN YOU SEE WHAT I SEE? COOL COLLECTIONS
by Walter Wick

Copyright ⓒ 2004 by Walter Wick
Korean translation copyright ⓒ 2006 Dahli Children's Books Inc.
All rights reserved.
This Korean edition was published by arrangement with Scholastic Inc.,
557 Broadway, New York, NY 10012 through KCC, Seoul.
이 책의 한국어판 저작권은 KCC를 통해 Scholastic Inc.와 독점계약한 (주)도서출판 달리에 있습니다.
신저작권법에 따라 한국 내에서 보호를 받는 저작물이므로 무단 전재와 무단 복제를 금합니다.

너도 보이니? ❸
엉망진창 서랍 속 친구들
월터 윅 지음 | 신한샘 옮김

1판 1쇄 펴냄 2006년 7월 30일
1판 25쇄 펴냄 2023년 11월 23일
펴낸이 박소연 | 펴낸곳 (주)도서출판 달리 | 등록 2002. 6. 4.(제10-2398호)
04008 서울시 마포구 희우정로 16길, 17-5 | 전화 02) 333-3702 | 팩스 02) 333-3703
ISBN 978-89-5998-024-6 74000
        978-89-90364-57-9 (세트)
값은 뒤표지에 있습니다. 잘못 만든 책은 바꾸어 드립니다.

차례

너도 보이니?

올빼미 한 마리, 곰 한 마리,
야구 방망이 하나,
나비 한 마리,
모자 쓴 오리 한 마리,
보라색 찻주전자,
주사위 두 개, 개 두 마리,
빨간색 요트 한 척,
토끼 세 마리, 개구리 세 마리,
야자수 한 그루, 조개 하나,
닻 다섯 개,
양동이 하나, 코끼리 코 하나,
그리고
공룡 꼬리 하나!

너도 보이니?

날개를 활짝 펼친 익룡 두 마리,
점박이 뱀 한 마리,
붉은 띠무늬 뱀 한 마리,
거북이 한 마리,
달팽이 한 마리,
물속 상어 한 마리,
누군가의 해골 네 개,
연필 한 자루, 실패 하나,
크레용 하나, 붓 한 자루,
접착제 한 통,
잠자리 한 마리,
그리고
로봇도!

너도 보이니?

망치 한 자루, 포크 하나,
숫자 123,
태엽 열쇠가 꽂혀 있는 경찰차 한 대,
말굽자석 하나,
가재 집게발 하나,
위험 표지 하나,
톱 한 자루, 빨대 하나,
종을 든 수프 깡통 로봇 한 대,
호루라기 하나, 찻주전자 하나,
그리고
은색 조개껍데기!

너도 보이니?

불가사리 다섯 마리,
깃털 하나,
초록색 단추 하나,
빨간 가재 집게발 하나,
숫자 13,
널빤지 위의 벌레 한 마리,
개미 두 마리, 파리 한 마리,
해적의 칼 한 자루,
자물쇠와 열쇠,
고무 오리 하나,
병 뚜껑 하나,
자동차 한 대,
그리고
트럭 한 대!

너도 보이니?

열린 엔진 덮개 하나,
열린 문 하나,
숫자 4가 쓰인 경주용차 한 대,
바둑판무늬 깃발 하나,
우편배달 트럭 한 대,
교통 통제 원뿔 기둥 하나,
팔려고 내놓은 차 한 대,
오토바이 한 대,
비행기 한 대,
제설기 한 대,
말의 머리,
오리 세 마리,
그리고
젖소 한 마리!

너도 보이니?

모자 쓴 거위 한 마리,
졸린 개 한 마리,
표지판 속의 소 한 마리,
개구리 왕자,
북극곰 다섯 마리,
캥거루 네 마리,
공을 가지고 있는 물개 한 마리,
편자 두 개,
빨간 플라스틱 사슴 한 마리,
생쥐 한 마리,
바나나 도둑,
토끼 한 마리,
그리고
빨간 낙엽 한 장!

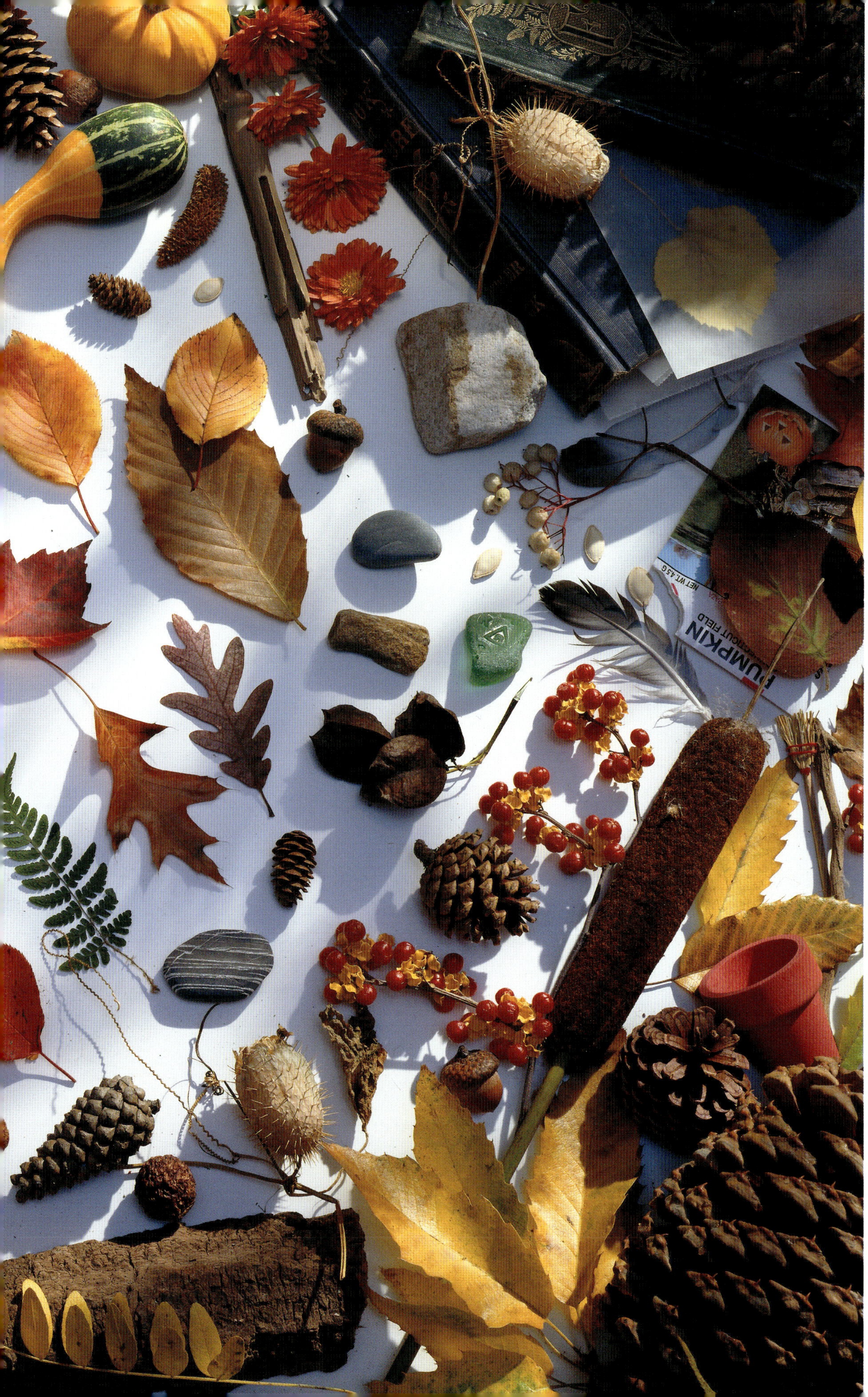

가을 손님

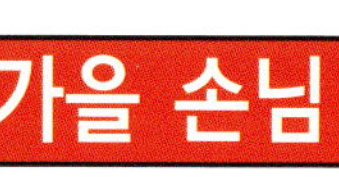

너도 보이니?

새 깃털 다섯 개,
화분 세 개,
줄무늬 돌멩이 하나,
얼룩무늬 돌멩이 하나,
호박 초롱 하나,
도토리 일곱 톨,
날카로운 가시가 있는
콩깍지 세 개,
다람쥐 한 마리,
거미 한 마리,
호박씨 여덟 개,
잠자리의 한쪽 날개,
그리고
구슬 한 줄!

너도 보이니?

카우보이 부츠 한 짝,
풍차 하나,
부채 하나,
깨진 종 하나,
통 속에 있는 포도 한 송이,
야구공 하나,
알파벳 E가 들어간 구슬 한 줄,
들소가 그려진 은색 단추 하나,
말 대가리, 유모차 한 대,
모자 두 개, 손모아장갑 두 개,
빗 하나, 자물쇠 하나,
곰 세 마리,
그리고
고양이 세 마리!

너도 보이니?

수탉 두 마리,
황새 한 마리,
호랑이 한 마리,
까마귀 한 마리,
스컹크 한 마리,
개구리 두 마리,
물방울무늬 리본 하나,
밀짚모자 하나,
파란색 토끼 한 마리,
생쥐 한 마리, 독수리 한 마리,
나비 한 마리,
옷핀 하나,
하트 모양 자물쇠 하나,
축구공 두 개,
그리고
나무 블록에 있는 곰 한 마리!

너도 보이니?

수도꼭지 하나,
울타리 하나,
램프 하나, 초 다섯 개,
거북이 한 마리,
끈 달린 손수레 한 대,
손잡이가 두 개인 손수레 한 대,
초록색 나무 세 그루,
꾸불꾸불 연 꼬리 하나,
낚싯대 두 개,
앵무새 한 마리,
나무 들통 하나,
빨간색 낙하산 하나,
다람쥐 한 마리,
생쥐 다섯 마리,
낙타 네 마리, 젖소 한 마리,
빨간색 왕관 두 개,
주사위 세 개!

게임 천국

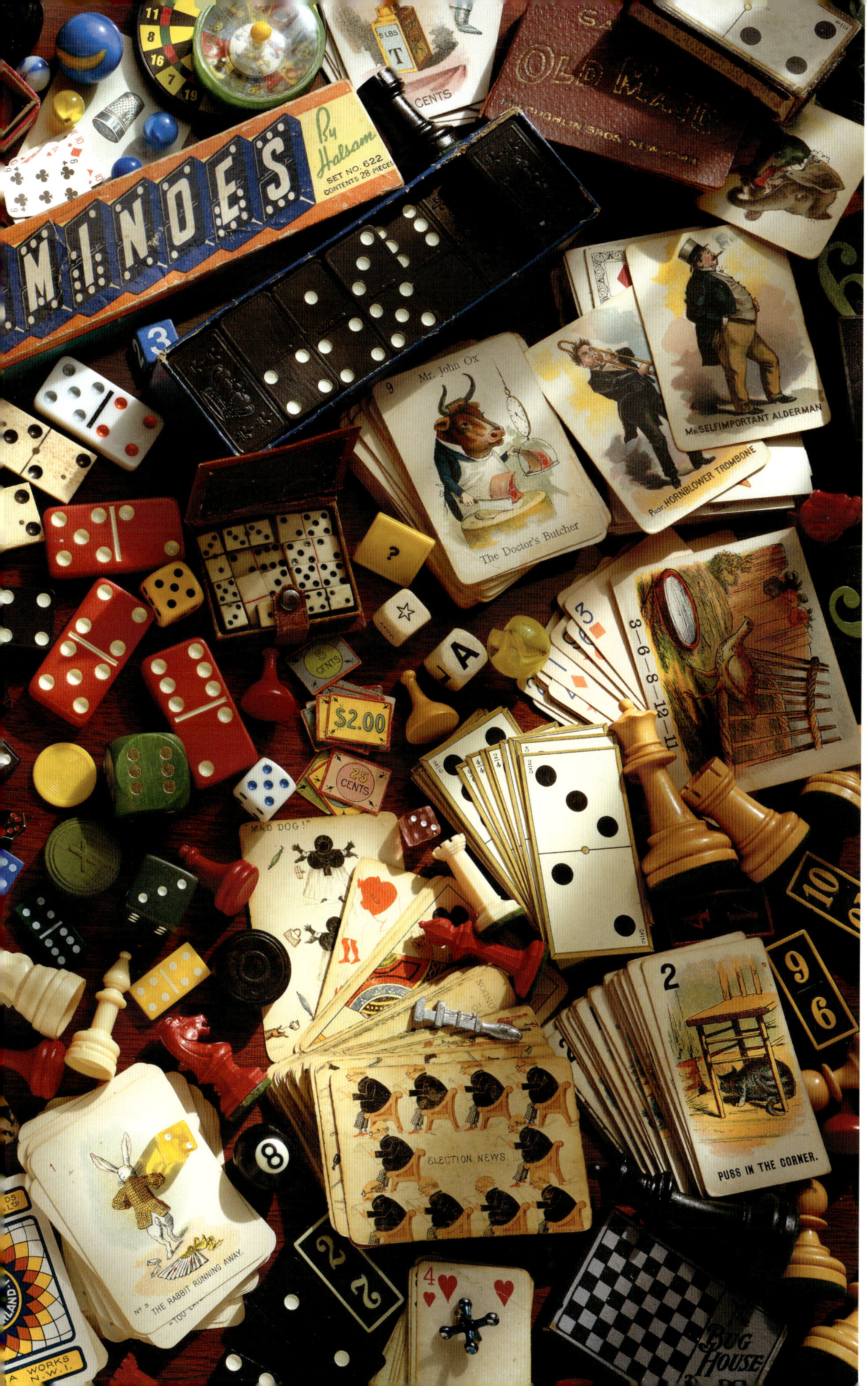

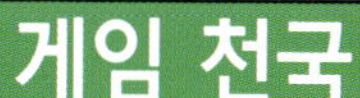

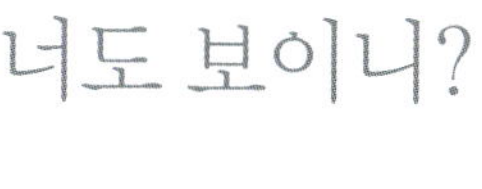

너도 보이니?

물음표 하나,
달러 표시 하나,
개구리 한 마리,
파리 한 마리,
낚싯줄 하나,
인형이 튀어나오는 상자,
기름 한 통,
책 한 권, 부채 하나,
용의 꼬리 하나,
코끼리 코 하나,
열차의 우편 칸,
그리고
고물 장수의 자루!

너도 보이니?

파라솔 하나,
자동차 한 대,
배 두 척,
옷핀 하나,
종이 클립 세 개,
칼 한 자루, 군인 한 명,
제트기 한 대,
자물쇠 네 개, 열쇠 다섯 개,
파란색 압정 한 개,
방울 종 하나,
화살촉 하나,
초록색 단추 하나,
빨간색 단추 하나!

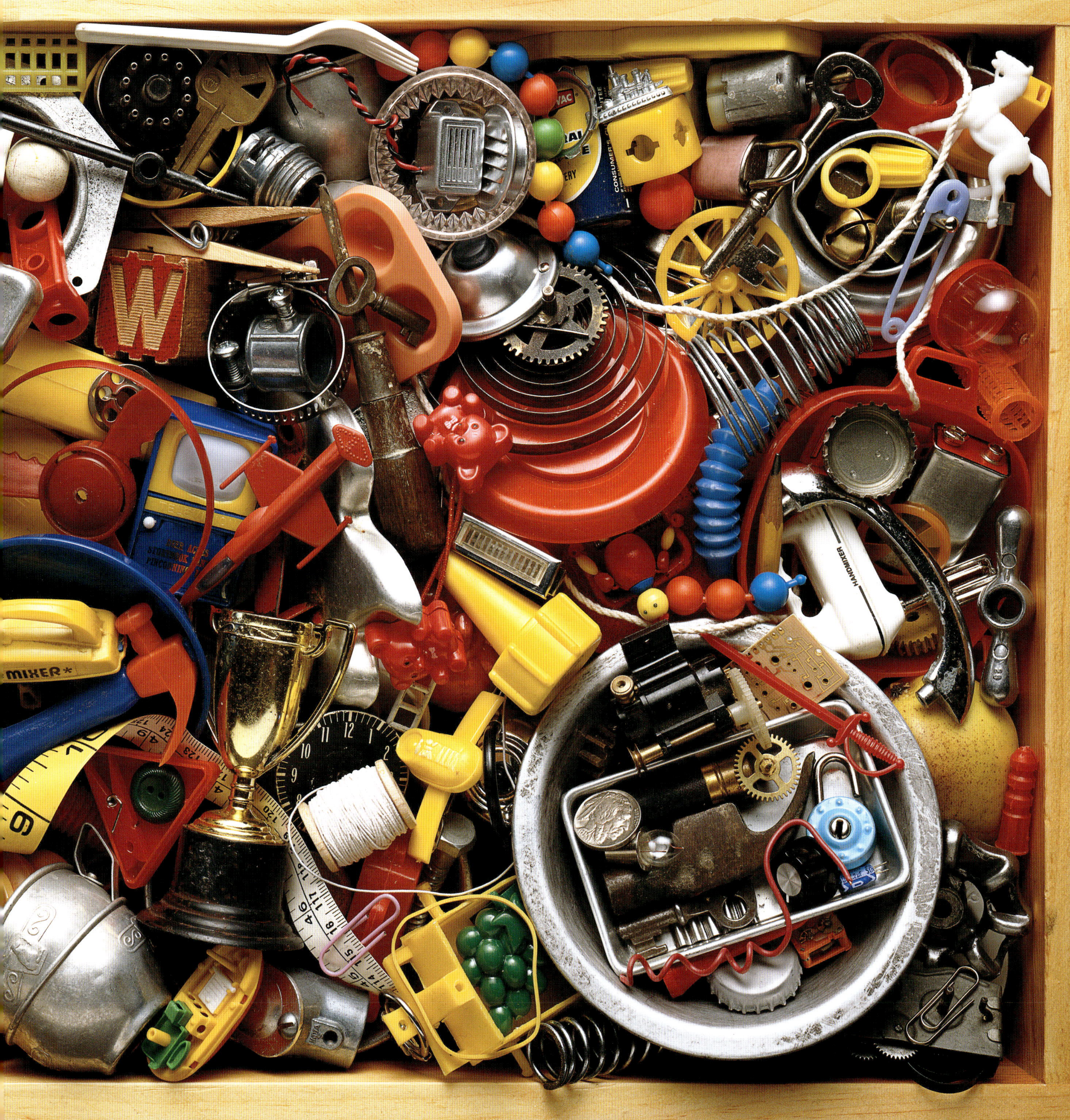

멋쟁이 단추들

올빼미 한 마리, 곰 한 마리,
야구 방망이 하나, 나비 한 마리,
모자 쓴 오리 한 마리, 보라색 찻주전자,
주사위 두 개, 개 두 마리, 빨간색 요트 한 척,
토끼 세 마리, 개구리 세 마리,
야자수 한 그루, 조개 하나, 닻 다섯 개,
양동이 하나, 코끼리 코 하나,
그리고
공룡 꼬리 하나!

으스스한 공룡 나라

날개를 활짝 펼친 익룡 두 마리,
점박이 뱀 한 마리, 붉은 띠무늬 뱀 한 마리,
거북이 한 마리, 달팽이 한 마리,
물속 상어 한 마리, 누군가의 해골 네 개,
연필 한 자루, 실패 하나, 크레용 하나, 붓 한 자루,
접착제 한 통, 잠자리 한 마리,
그리고
로봇도!

우주의 말썽쟁이들

망치 한 자루, 포크 하나, 숫자 123,
태엽 열쇠가 꽂혀 있는 경찰차 한 대,
말굽자석 하나, 가재 집게발 하나,
위험 표지 하나, 톱 한 자루, 빨대 하나,
종을 든 수프 깡통 로봇 한 대,
호루라기 하나, 찻주전자 하나,
그리고
은색 조개 껍데기!

해변의 친구들

불가사리 다섯 마리, 깃털 하나,
초록색 단추 하나, 빨간 가재 집게발 하나,
숫자 13, 널빤지 위의 벌레 한 마리,
개미 두 마리, 파리 한 마리, 해적의 칼 한 자루,
자물쇠와 열쇠, 고무 오리 하나,
병뚜껑 하나, 자동차 한 대,
그리고
트럭 한 대!

도로에서 옴짝달싹

열린 엔진 덮개 하나, 열린 문 하나,
숫자 4가 쓰인 경주용차 한 대,
바둑판무늬 깃발 하나, 우편배달 트럭 한 대,
교통 통제 원뿔 기둥 하나,
팔려고 내놓은 차 한 대, 오토바이 한 대,
비행기 한 대, 제설기 한 대, 말의 머리,
오리 세 마리,
그리고
젖소 한 마리!

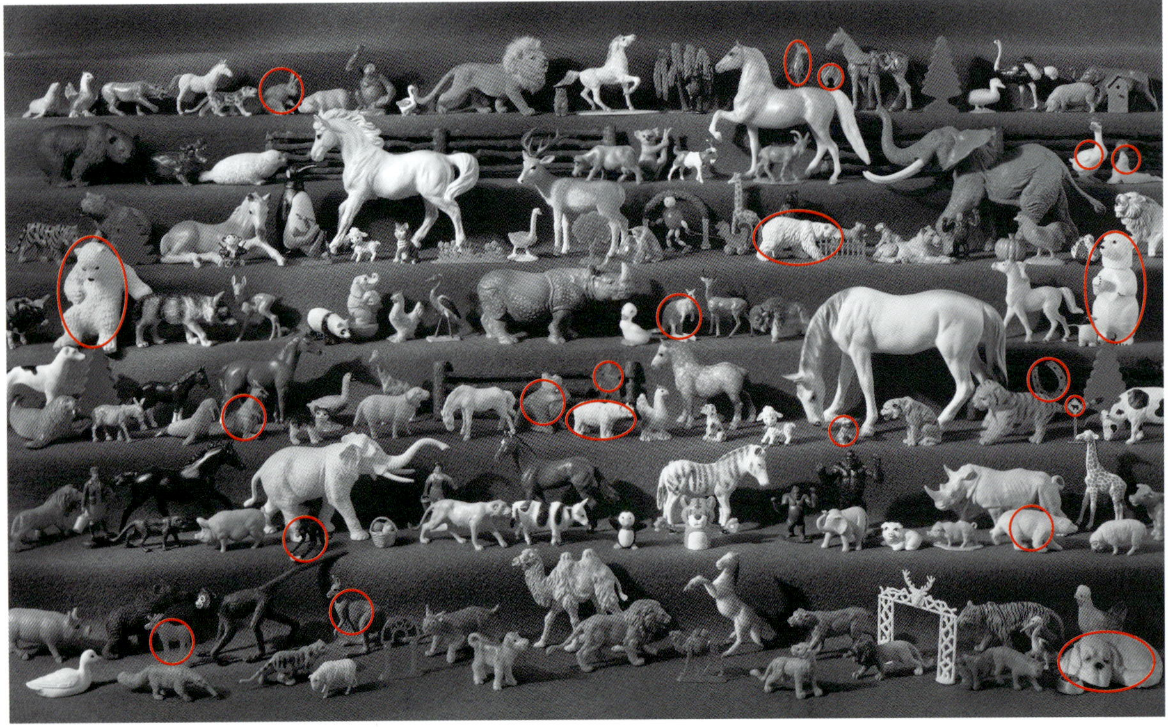

동물 왕국

모자 쓴 거위 한 마리, 졸린 개 한 마리,
표지판 속의 소 한 마리, 개구리 왕자,
북극곰 다섯 마리, 캥거루 네 마리,
공을 가지고 있는 물개 한 마리, 편자 두 개,
빨간 플라스틱 사슴 한 마리, 생쥐 한 마리,
바나나 도둑, 토끼 한 마리,
그리고
빨간 낙엽 한 장!

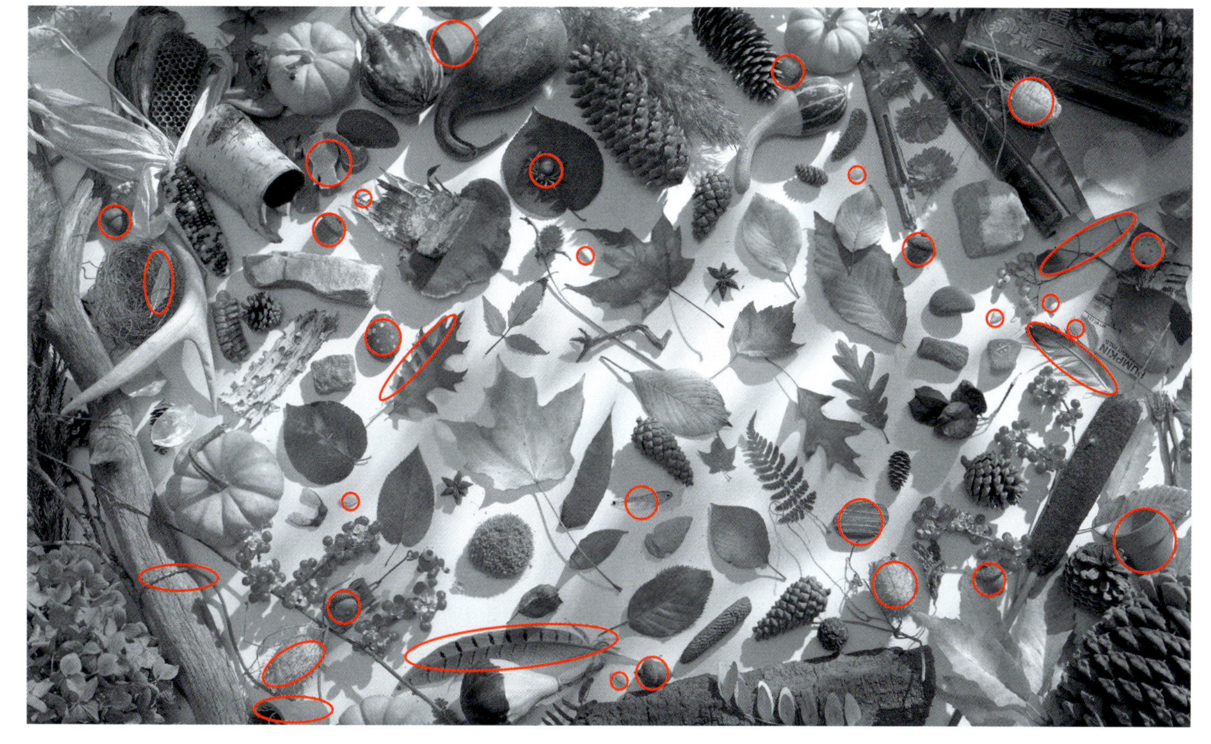

가을 손님

새 깃털 다섯 개, 화분 세 개,
줄무늬 돌멩이 하나, 얼룩무늬 돌멩이 하나,
호박 초롱 하나, 도토리 일곱 톨,
날카로운 가시가 있는 콩깍지 세 개,
다람쥐 한 마리, 거미 한 마리,
호박씨 여덟 개, 잠자리의 한쪽 날개,
그리고
구슬 한 줄!

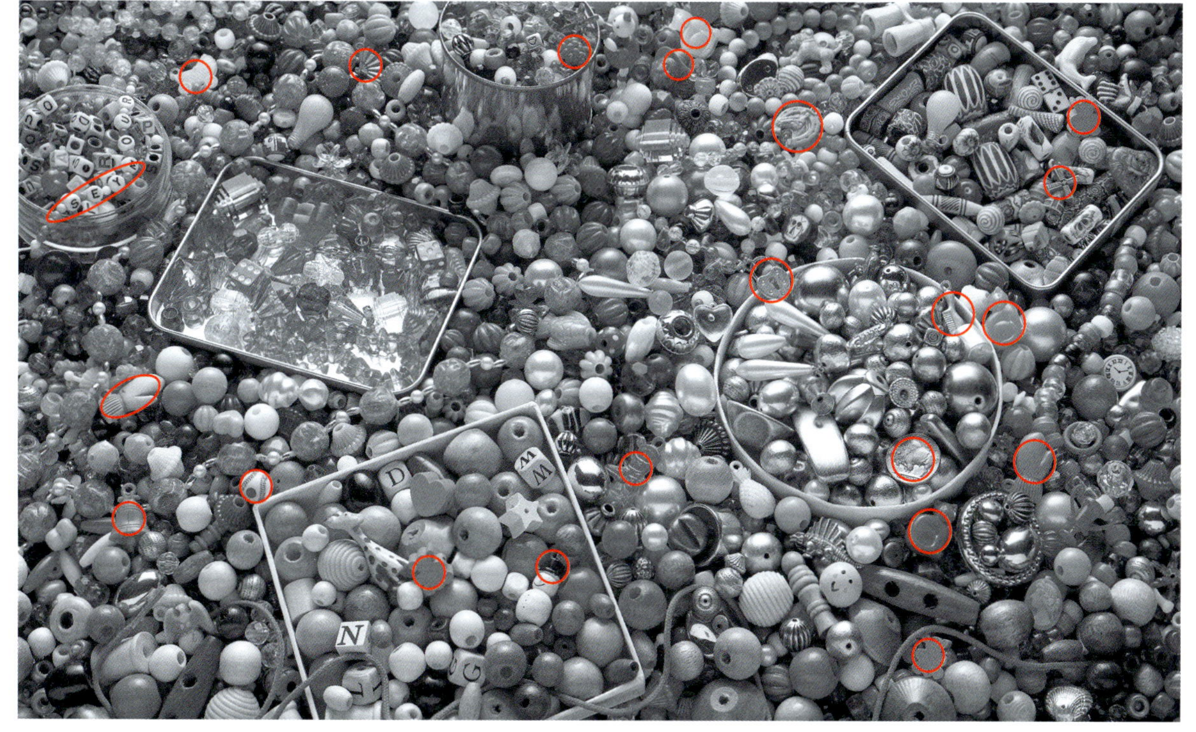

구슬 잡동사니

카우보이 부츠 한 짝, 풍차 하나, 부채 하나,
깨진 종 하나, 통 속에 있는 포도 한 송이,
야구공 하나,
알파벳 E가 들어간 구슬 한 줄,
들소가 그려진 은색 단추 하나, 말 대가리,
유모차 한 대, 모자 두 개, 손모아장갑 두 개,
빗 하나, 자물쇠 하나, 곰 세 마리,
그리고
고양이 세 마리!

복슬복슬 털북숭이들

수탉 두 마리, 황새 한 마리, 호랑이 한 마리,
까마귀 한 마리, 스컹크 한 마리,
개구리 두 마리, 물방울무늬 리본 하나,
밀짚모자 하나, 파란색 토끼 한 마리,
생쥐 한 마리, 독수리 한 마리, 나비 한 마리,
옷핀 하나, 하트 모양 자물쇠 하나,
축구공 두 개,
그리고
나무 블록에 있는 곰 한 마리!

반듯한 나무 블록

수도꼭지 하나, 울타리 하나, 램프 하나,
초 다섯 개, 거북이 한 마리,
끈 달린 손수레 한 대,
손잡이가 두 개인 손수레 한 대,
초록색 나무 세 그루, 꾸불꾸불 연 꼬리 하나,
낚싯대 두 개, 앵무새 한 마리,
나무 들통 하나, 빨간색 낙하산 하나,
다람쥐 한 마리, 생쥐 다섯 마리,
낙타 네 마리, 젖소 한 마리,
빨간 색 왕관 두 개, 주사위 세 개!

게임 천국

물음표 하나, 달러 표시 하나, 개구리 한 마리,
파리 한 마리, 낚싯줄 하나,
인형이 튀어나오는 상자, 기름 한 통,
책 한 권, 부채 하나, 용의 꼬리 하나,
코끼리 코 하나, 열차의 우편 칸,
그리고
고물 장수의 자루!

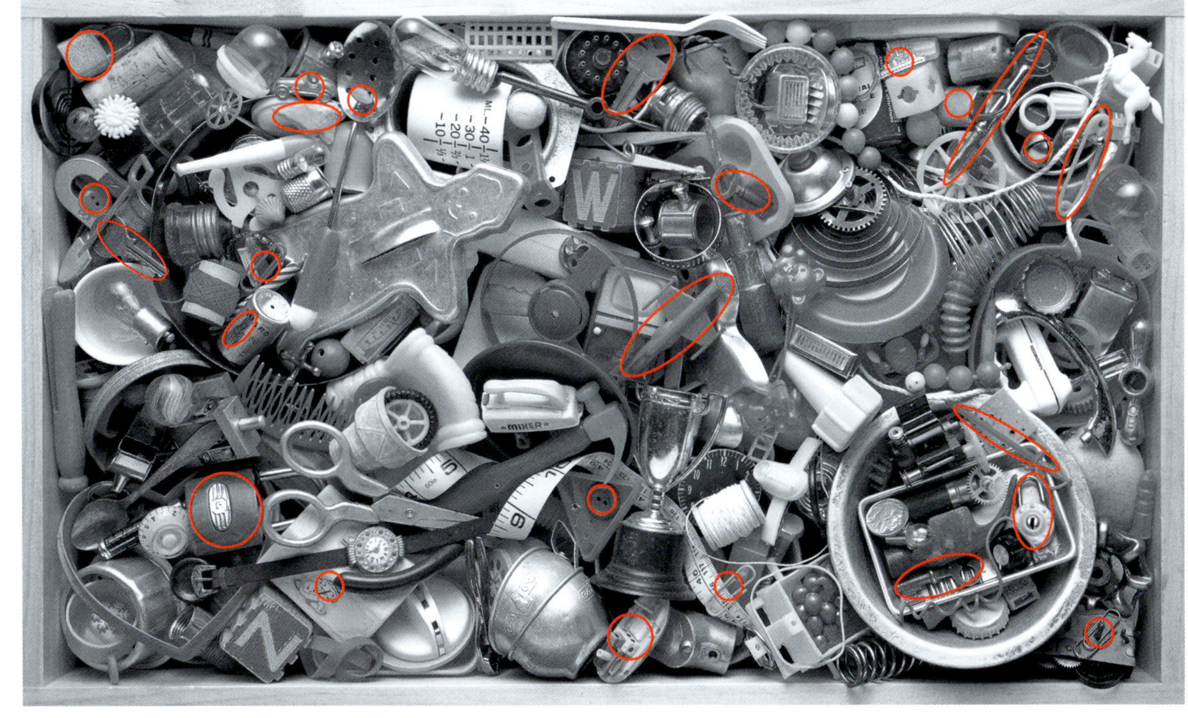

엉망진창 서랍

파라솔 하나, 자동차 한 대, 배 두 척,
옷핀 하나, 종이 클립 세 개, 칼 한 자루,
군인 한 명, 제트기 한 대, 자물쇠 네 개,
열쇠 다섯 개, 파란색 압정 한 개, 방울 종 하나,
화살촉 하나, 초록색 단추 하나,
그리고
빨간색 단추 하나!

〈너도 보이니?〉와 〈나는 찾아요〉 시리즈에 실린 사진들을 보고 여러분들은 이런 질문을 하고 싶었을 겁니다. "도대체 그런 물건들을 어디서 구한 건가요?" 아마도 이 책이 그 질문에 대한 답이 되어 줄 것 같습니다. 이 책은 '그런 물건들'의 잔치쯤 되니까요.

표지 사진과 〈게임 천국〉에 나오는 커다란 노란색 공깃돌은 20여 년 전 사진에도 등장합니다. 아마 내가 어렸을 때 가지고 놀던 장난감일 수도 있습니다. 하지만 대부분의 소품들은 내가 어린이 책 작업을 하기 시작한, 1991년부터 모은 것입니다.

처음에는 단순히 잡동사니 서랍을 정리하면서 시작된 일입니다. 어느 집에나 그런 서랍이 하나씩은 있지요. 잡동사니 서랍이라, 그다지 당황할 필요는 없습니다. 어렸을 때는 연장이나 사라진 장난감 부품 등을 찾기 위해 서랍을 열곤 했습니다. 무엇보다 중요한 건 서랍을 열면 무언가를 조립하고 싶은 영감이 생겼다는 것이지요. 진짜 잡동사니 서랍이라면 열 때 약간 끙끙대야 하고, 닫을 때 삐져나오는 물건들을 능수능란하게 집어넣는 솜씨가 필요하답니다.

그리고 중고 시장, 벼룩시장, 골동품 시장을 돌아다니며 계속해서 소품들을 모았지요. 장난감 자동차만 들어 있는 상자를 발견한 적도 있고, 공깃돌과 구슬, 단추가 가득한 유리 단지, 장난감 블록이 들어 있는 양철 통 등등을 발견한 적도 있습니다. 할인점, 파티용품점, 수공예품 상점, 철물점 또한 즐겨 찾는 곳입니다. 물론 장난감 가게도 그렇고요. 그리고 마지막으로, 물건들을 거저 얻는 곳도 있지요. 해변이나 숲에서 뜻밖의 물건을 발견하기도 하거든요.

두말할 것도 없이 내 소장품들은 점점 불어났고, 그것들을 정돈하는 데만도 꽤 시간이 많이 걸렸습니다. 그래서 몇 년 동안 블록, 구슬, 단추, 조개껍데기, 돌멩이, 동물원과 숲속에 사는 동물들, 새, 물고기, 공룡, 오래된 놀이도구, 미니 카 등등 물건들을 종류별로 구분하면서 자연스럽게 이 책을 만들 생각을 하게 되었습니다. 나는 이 물건들이 사랑스럽습니다. 여러분도 그런가요?

사진을 찍고, 세트를 만들고, 소품을 챙겨 준 댄 헬트와 킴 와일디에게 감사의 말을 전하고 싶습니다. 그리고 조언과 격려를 아끼지 않은 아내 린다에게도 감사합니다. 또한 나를 이끌어 준 편집자 그레이스 마카로네와 디자인에 관해 조언을 해 준 미술 감독 리치 디스, 〈복슬복슬 털북숭이〉에 등장하는 인형들을 빌려 준 낸시 모르간과 로봇과 우주 인형 소장품들을 내준 마이클 로켄스가드에게 감사합니다. 그리고 열정적으로 나를 도와준 로이스 딤과 도나 아무소에게도 감사드립니다.

월터 윅

월터 윅은 전 세계적으로 3천만 부 가까이 판매된 〈나는 찾아요〉 시리즈의 작가입니다. 그가 직접 글을 쓰고 사진을 찍은 《물 한 방울》은 '보스턴 글로브 혼 북' 상을 받았으며, 미국 도서관 협회의 '주목할 만한 책', '오르비스 픽톡스 명예 도서', 캐나다 방송협회의 '우수 어린이 과학도서'로 선정되었습니다. 또 다른 책 《눈속임》 역시 미국 도서관 협회의 '주목할 만한 어린이 책', 〈뉴욕타임스〉 북리뷰의 '우수 어린이 그림책'으로 선정되었으며, 〈오펜하임 장난감 작품 선집〉의 '플래티늄 상', 〈사이언티픽 아메리칸〉의 '어린이 독자상', 미국 학부모들이 고른 '좋은 책' 상 등 여러 상을 받았습니다. 파이어 미술대학을 졸업한 월터 윅은 현재 미국 코네티컷주에서 부인 린다와 함께 살고 있습니다.

*월터 윅에 관련된 더 많은 정보는 www.walterwick.com에서 보실 수 있습니다.

신한샘은 연세대학교에서 독문학을 공부했습니다. 그동안 옮긴 책으로 《너도 보이니?❷》,《너도 보이니?❸》,《수학 너 재미있구나》 등이 있습니다.